Wolfgang Amadeus MOZART

OPERA ARIAS

for

BASS-BARITONE

and

ORCHESTRA

VOLUME II

T0056500

MUSIC MINUS ONE

SUGGESTIONS FOR USING THIS MMO EDITION

WE HAVE TRIED to create a product that will provide you an easy way to learn and perform these arias with a full orchestra in the comfort of your own home. Because it involves a fixed orchestral performance, there is an inherent lack of flexibility in tempo and cadenza length. The following MMO features and techniques will reduce these inflexibilities and help you maximize the effectiveness of the MMO practice and performance system:

The compact disc included with this edition features CD+G graphics encoding so that, with a CD+G-capable player, you can view the lyrics in real-time on a television monitor. This can be used as a visual cueing system, especially valuable after the solo part has been learned, during performance.

Where the soloist begins *solo*, we have provided a guide-tone and an introductory measure with subtle taps inserted at the actual tempo before the soloist's entrance.

We have observed generally accepted tempi, but some may wish to perform at a different tempo, or to slow down or speed up the accompaniment for practice purposes. You can purchase from MMO specialized CD players and recorders which allow variable speed while maintaining proper pitch (or vice versa). This is an indispensable tool for the serious musician and you may wish to look into purchasing this useful piece of equipment for full enjoyment of all your MMO editions.

We want to provide you with the most useful practice and performance accompaniments possible. If you have any suggestions for improving the MMO system, please feel free to contact us. You can reach us by e-mail at *info@musicminusone.com*.

4096

CONTENTS

©2004 MMO Music Group, Inc. All rights reserved.

Don Giovanni, Act I

"Ho capito, Signor, sì"

Wolfgang Amadeus Mozart
(1756-1791)

du - bi - tar non pos - so_af - fè; me lo di - ce la bon -

tà che vo - le - te_a-ver per me, a - ver per me, a - ver per me. Bric-co -

nac - cia, ma-lan - dri - na, fo-sti_o - gnor la mia ru - i - na, fo - sti_o -

gnor la mia ru - i - na Ven-go, ven-go. Re - sta, re-sta,

6

è_u-na co-sa mol-to_o-nesta; fac-cia_il no-stro ca-va-lie-re ca-va-

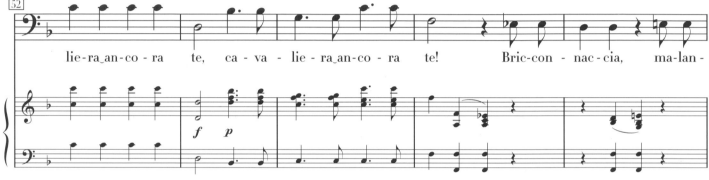

lie-ra_an-co-ra te, ca-va-lie-ra_an-co-ra te! Bric-con-nac-cia, ma-lan-

dri-na, fo-sti_o-gnor la mia ru-i-na, fo-sti_o-gnor la mia ru-i-na.

Ven-go, ven-go. Re-sta, re-sta, è_u-na co-sa mol-to_o-ne-sta;

7

fac - cia_il no-stro ca - va - lie - re ca - va - lie-ra_an-co - ra

te, ca - va - lie - ra_an-co - ra te, fac-cia_il no - stro ca - va - lie - re ca-va-

lie - ra_an-co - ra te, fac-cia_il no-stro ca - va - lie - re ca - va - lie - ra_an-co - ra

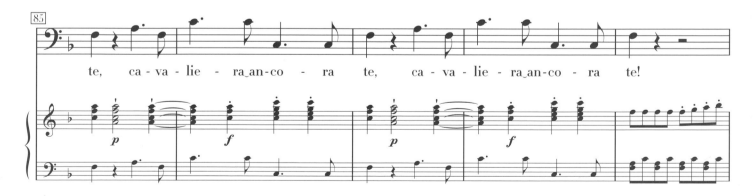

te, ca - va - lie - ra_an-co - ra te, ca - va - lie - ra_an-co - ra te!

Don Giovanni, Act I

"Fin ch'han dal vino calda la testa"

Wolfgang Amadeus Mozart
(1756-1791)

cer - ca me - nar, cer - ca me - nar. Sen - za al-cun or - di - ne la dan - za si - a,

chi'l mi - nu - et - to, chi la fo - li - a, chi l'a - le - ma - na fa - rai bal -

lar, chi'l mi - nu - et - to fa - rai bal - lar, chi la fo - li - a

fa - rai bal - lar, chi l'a - le - ma - na fa - rai bal - lar.

Ed io fra tan - to dall' al - tro can - to con que-sta_e quel - la

vo'a - mo-reg - giar, vo'a - mo-reg - giar, vo'a - mo-reg - giar. Ah la mia

li - sta do - man mat - ti - na d'u - na de - ci - na de - vi_au-men - tar,

ah la mia li - sta d'u - na de - ci - na de - vi_au-men - tar.

chi la fol - li - a, chi l'a-le - ma - na fa-rai bal - lar._____ Ah la mia li - sta

do - man mat - ti - na d'u - na de - ci - na de - vi au-men - tar, d'u - na de -

ci - na de - vi au-men - tar, d'u - na de - ci - na de - vi au-men - tar, de - vi au-men - tar,

de - vi au-men - tar, de - vi, de - vi au - men - tar.

Don Giovanni, Act II

"Deh vieni alla finestra"

Wolfgang Amadeus Mozart
(1756-1791)

Se ne - ghi_a me - di dar qual -

che ri - sto - - ro, da - van - ti_a gli oc - chi

tuoi mo - rir vogl' i - o.

Tu ch'hai la boc - ca dol - ce più che_il

me - le, tu cheil zuc-che-ro por - ti in mez - zoil co -

re, non es - ser, gio - ja

mia, con me cru-de - le: la - scia-ti_al men ve -

der, mio bell' a-mo - re.

Don Giovanni, Act II
"Metà di voi quà vadano"

4 12 *One measure of taps (2 taps) precedes music*

Andante con moto

Wolfgang Amadeus Mozart
(1756-1791)

gaz - za pas - seg - gian per la piaz - za, se sot-to_a_u - na fi -

ne-stra fa - re_all' a - mor sen - ti - te, fe - ri - te pur, fe - ri - te, fe - ri - te pur, fe -

ri - te, il mio pa-dron sa - rà.

In te - sta_e-gli_ha_un cap - pel - lo

con can - di - di pen - nac - chi, ad - dos - so_un gran man -

tel - lo, e spa - da_al fian - co_e - gli_ha, e_____

spa - da_al fian - co_e - gli_ha, e spa - da_al fian - co_e -

gli_ha, e spa - da_al fian - co_e - gli_ha, e spa - da_al fian - co_e -

gli ha. Se un uom e u - na ra - gaz - za pas-seg-gian per la

piaz-za, se sot-to a u-na fi - ne - stra fa-re all' a - mor sen -

ti - te, fe - ri-te, fe - ri - te, fe-ri-te pur, fe -

ri-te, fe-ri-te pur, fe - ri-te, fe-ri-te! Me - tà di voi quà va - da-no,

e gli al - tri va - dan là, e pian pia-nin lo cer-chi-no,

lon - tan, non fia di quà no, lon - tan, lon-tan non fia di

quà. An - da-te, fa - te pre - sto, an - da-te, fa - te

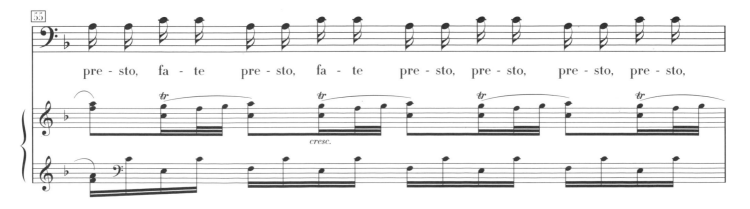

pre - sto, fa - te pre - sto, fa - te pre - sto, pre - sto, pre - sto, pre - sto,

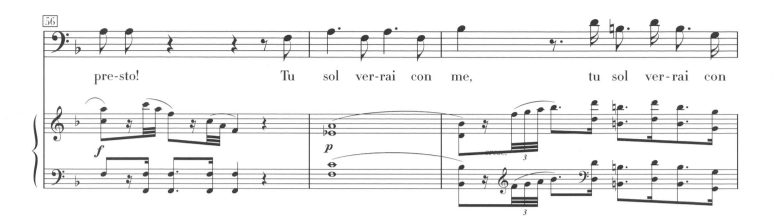

pre-sto! Tu sol ver-rai con me, tu sol ver-rai con

me, ver-rai con me, ver-rai con me. Noi far dob-bia-mo_il

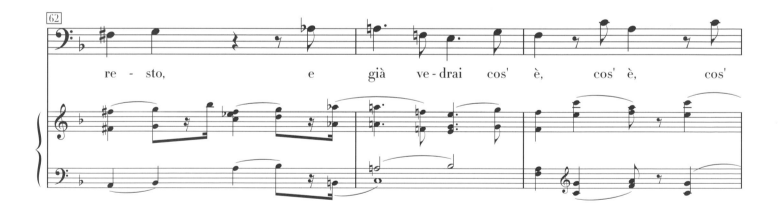

re - sto, e già ve-drai cos' è, cos' è, cos'

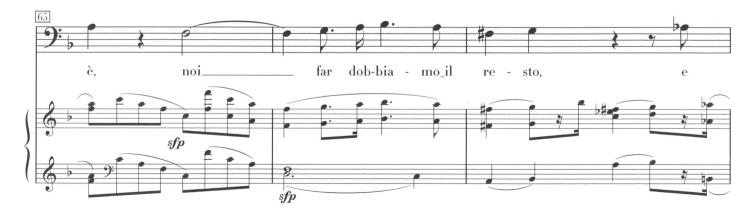

è, noi_____ far dob-bia-mo_il re - sto, e

già ve-drai cos' è, cos' è, cos' è, e già ve-drai cos'

è, cos' è, cos' è, e già ve-drai cos' è, e già ve-drai cos'

è, e già ve-drai cos' è, e già ve-drai cos' è.

Così fan tutte, Act II

"Donne mie la fate a tanti"

Wolfgang Amadeus Mozart
(1756-1791)

Io vo be - ne_al ses - so vo - stro lo sa -

pe - te, o - gnun lo sà, o - gni gior - no ve lo

mo-stro, ve lo mo-stro, ve lo mo-stro, vi do se - gno d'a - mi - stà,

ve lo mo-stro, ve lo mo-stro, vi do se - gno d'a - mi -

stà, vi do se - gno d'a - mi - stà. Ma quel far - la_a tan - ti_e

tan - ti,a tan - ti_e tan - ti, m'av - vi - li - sce_in ve - ri -

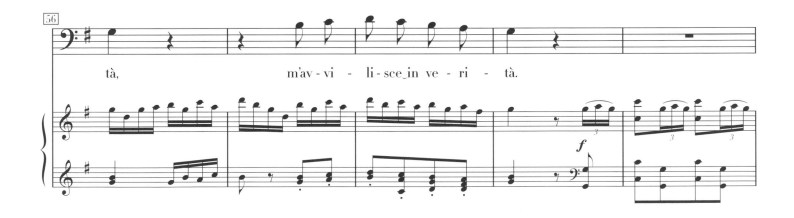

tà, m'av - vi - li - sce_in ve - ri - tà.

Mil - le vol - te_il bran - do pre - si

per sal - var il vo-stro_o - nor, mil - le vol-te, mil - le vol-te,

mil - le vol - te vi di - fe - si col - la boc - ca_e più col cor.

Ma quel far - la_a tan - ti_e tan - ti,a tan - ti_e tan - ti

è_un vi - ziet-to sec-ca - tor, è_un vi - ziet-to sec-ca - tor.

Sie-te va-ghe, sie-te_a - ma - bi-li, più te-

so - ri_il ciel vi diè, e le gra - zie vi cir - con-da-no

dal - la te - sta si - no_ai piè, dal - la te - sta si - no ai piè.

Ma... ma... ma... la fa-te_a tan - ti_e tan - ti,a tan - ti_e tan - ti

che cre - di - bi - le non è, che cre - di - bi - le non è. Io vo

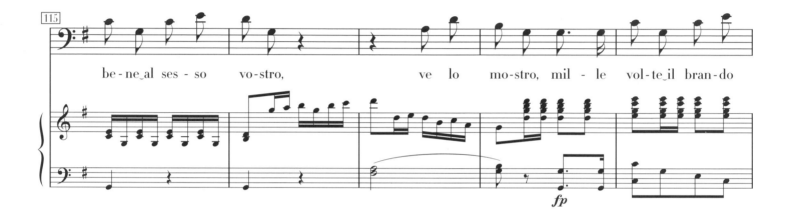

be - ne_al ses - so vo-stro, ve lo mo-stro, mil - le vol-te_il bran-do

pre - si, vi di - fe - si, gran te - so - ri_il ciel vi diè,

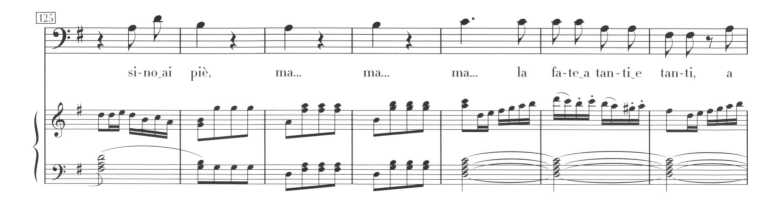

si-no_ai piè, ma... ma... ma... la fa-te_a tan-ti_e tan-ti, a

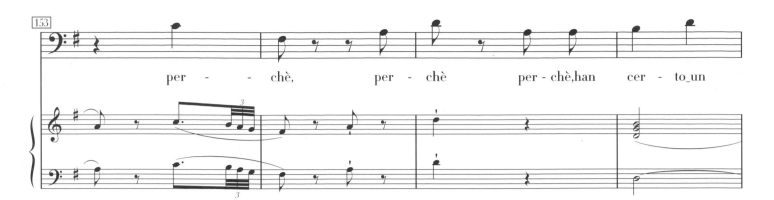

per - chè, per - chè per-chè,han cer - to_un

gran per - chè, per - chè, per - chè, per-chè,han

cer - to_un gran per - chè, un gran per - chè, un gran per -

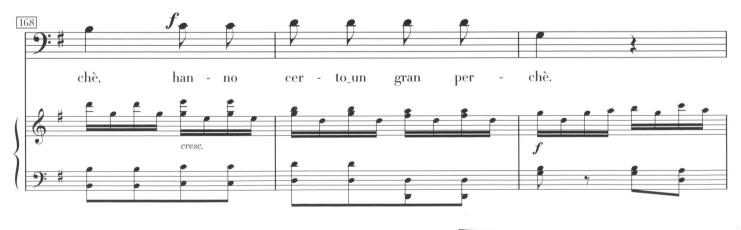

chè, han - no cer - to_un gran per - chè.

Die Zauberflöte, Act I

"Der Vogelfänger bin ich ja"

Wolfgang Amadeus Mozart
(1756-1791)

Andante

PAPAGENO

ORCHESTRA

1. Der Vo-gel-fän-ger bin ich ja, stets lu-stig, hei-ßa
2. Der Vo-gel-fän-ger bin ich ja, stets lu-stig, hei-sa
3. Wenn al-le Mäd-chen wä-ren mein, so tausch-te ich brav

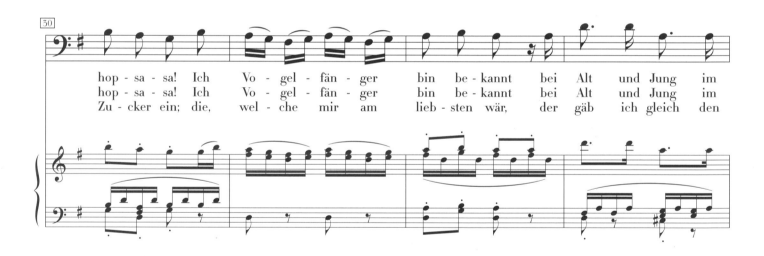

hop-sa-sa! Ich Vo-gel-fän-ger bin be-kannt bei Alt und Jung im
hop-sa-sa! Ich Vo-gel-fän-ger bin be-kannt bei Alt und Jung im
Zu-cker ein; die, wel-che mir am lieb-sten wär, der gäb ich gleich den

gan-zen Land. Weiß mit dem Lo-cken
gan-zen Land. Ein Netz für Mäd-chen
Zu-cker her. Und küß-te sie mich

um - zu - gehn und mich aufs Pfei - fen zu ver - stehn.
möch - te ich, ich fing sie dut - zend - weis für mich.
zärt - lich dann, wär sie mein Weib und ich ihr Mann.

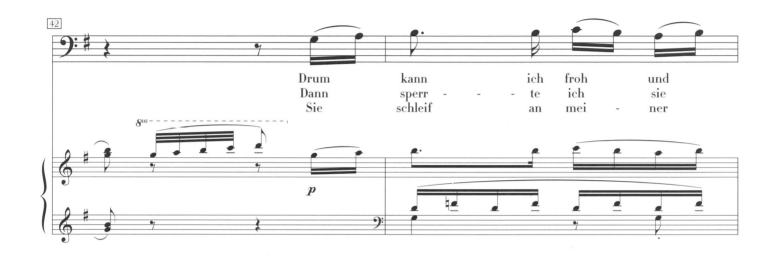

Drum kann ich froh und
Dann sperr - te ich sie
Sie schleif an mei - ner

lu - stig sein, denn al - le Vö - gel sind ja mein.
bei mir ein, und al - le Mäd - chen wä - ren mein.
Sei - te ein, ich wieg - te wie ein Kind sie ein.

Die Zauberflöte, Act II

"O Isis und Osiris..."

Wolfgang Amadeus Mozart
(1756-1791)

len - ket,   stärkt mit Ge - duld   sie   in   Ge - fahr,

stärkt mit Ge - duld   sie   in   Ge - fahr!

Laßt   sie   der   Prü - fung

Früch - te   se - hen;   doch   soll - ten   sie   zu   Gra - be

so lohnt der Tugend kühnen Lauft, nehmt sie in euren Wohnsitz auf, nehmt sie in euren Wohnsitz auf!

La Clemenza di Tito, Act II
"Tardi s'avvede d'un tradimento..."

Wolfgang Amadeus Mozart
(1756-1791)

non è por - ten - to se_o - gn'al - tro co - re cre - de_in - ca -

pa - ce d'in - fe - del - tà,___ d'in - fe - del - tà.

Tar - di s'av - ve - de d'un tra - di -

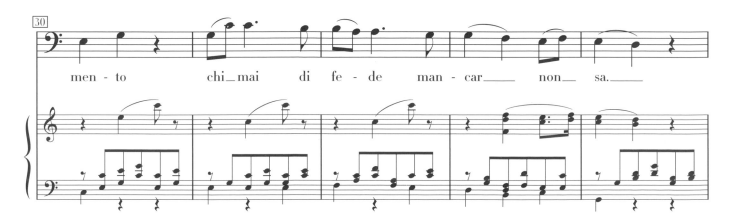

men - to chi_mai di fe - de man - car___ non___ sa.___

Tar - di s'av - ve - de d'un__ tra - di - men - to

chi mai di fe - de__ man - car__ non sa, man - car non

sa,_____ man - car non sa.

Engraving: Wieslaw Novak

MUSIC MINUS ONE
50 Executive Boulevard
Elmsford, New York 10523-1325
1.800.669.7464 (U.S.)/914.592.1188 (International)

www.musicminusone.com
e-mail: mmogroup@musicminusone.com